Dieses Buch ist
ein Geschenk ...

FÜR:

· ·

VON:

· ·

... denn du bedeutest mir sehr viel!

Zusammengestellt und herausgegeben von Abi F. May & Ch. Krieg

Grafische Gestaltung von Laurent Mignot, M-A Mignot & Ch. Krieg

Deutsche Bearbeitung von Christian Krieg & Team

ISBN: 978-3-03730-748-9

© 2011–2013 *Aurora Production AG*, Schweiz

1. Auflage der deutschen Ausgabe 2013

Printed in China

www.auroraproduction.com

www.treasurechest.ch

Weitere Titel dieser Serie in Vorbereitung!

Wunder der

Liebe

QUELLEN

Bei den in dieser Sammlung zitierten Schriftstellen gibt der nachfolgende Name des Buches zusammen mit der Kapitel-/Versnummer an, wo der Vers in der Bibel gefunden werden kann. Um den Sinn zu verdeutlichen, werden verschiedene Bibelübersetzungen benutzt:

INHALT

EINFÜHRUNG

Liebe – die größte aller Gaben – ist das Thema unzähliger Bücher, Gedichte und Lieder. Auf den folgenden Seiten führen wir uns Ausschnitte von Werken von Schriftstellern vieler Jahrhunderte zu Gemüte – einige berühmt, andere weniger. Unsere Sammlung wäre nicht komplett, würde sie nicht bekannte Bibelstellen einschließen, denn als Schöpfer ist Gott der Ursprung der Liebe[1].

[1] Siehe 1. Johannes 4:8

Lernen wir auf einer geistigen Reise
die Mannigfaltigkeit der Liebe kennen:
Liebe in ihrer ganzen Schönheit,
Liebe als das Wesentliche des Lebens,
Liebe als die wertvollste Gabe Gottes,
Liebe mit all ihren Facetten –
Wunder der Liebe.

Jemanden **lieben** heißt, ihn so sehen, wie Gott ihn gemeint hat.

– Fjodor Michailowitsch Dostojewski

Gott ist Liebe

und wer in der Liebe lebt, der lebt in Gott und Gott lebt in ihm.

– 1. Johannes 4:16

Ein **treuer** Freund

ist ein Abbild **Gottes.**

– *Französisches Sprichwort*

LIEBE ... DAS WESENTLICHE DES LEBENS

Das ist mein Geliebter, das ist mein Freund.

— Hohelied 5:16

Freundschaft ist eine Seele in zwei Körpern.

— Aristoteles

Je mehr man liebt, umso tätiger wird man sein;
Liebe ist mehr als ein Gefühl.

— Vincent van Gogh

Folgt dem Weg der Liebe.

— 1. Korinther 14:1

Liebe bewegt die Sonne und alle Sterne am Himmel.

— Dante Alighieri

Liebe ist geduldig, Liebe ist freundlich. Sie verhält sich nicht taktlos, sie sucht nicht den eigenen Vorteil, sie verliert nicht die Beherrschung, sie trägt keinem etwas nach. Sie gibt nie jemand auf, in jeder Lage glaubt sie, immer hofft sie, allem hält sie stand. Die Liebe versagt niemals.

– 1. Korinther 13:4–8

Freundschaft heißt lieben und auch verstehen.

– Altes Sprichwort

Eine Mutter ist der einzige Mensch auf der Welt, der dich schon liebt, bevor er dich kennt.

– Johann Heinrich Pestalozzi

LIEBE ... DAS WESENTLICHE DES LEBENS

Nun hat es aber Gott so
und nicht anders eingerichtet,
dass einer die Last des anderen
tragen soll; denn keiner ist
ohne Fehler, keiner ohne
Last und keiner weiß
sich von allein zu raten.

Einer muss den anderen tragen,
einer den anderen trösten,
stützen, unterweisen und
aufrichten.

— *Thomas Hemerken van Kempen*

All die Werke Gottes sind geschaffen, um der Liebe zu dienen.

— Victor Marie Hugo

Liebe ist größer als Glaube, weil das Ziel größer ist als der Weg, der uns zu ihm hinführt. Was nützt uns unser Glaube, es sei denn, er bringe unsere Seele mit Gott in Verbindung? Warum soll sich der Mensch mit Gott verbinden? Damit er Gott ähnlich werde. Gott ist Liebe, und Glaube ist der Weg zur Liebe, unserem Ziel. Liebe ist bedeutender als Glaube; »Wenn ich einen Glauben habe, der Berge versetzt, aber ich habe keine Liebe, so bin ich nichts.«[1]

— Henry Drummond

[1] 1. Korinther 13:2

LIEBE ... DAS WESENTLICHE DES LEBENS

Liebe bedeutet, einen Blick in den Himmel zu erhaschen.

— Karen Sunde

Wenn ich ein Herz vor dem Zerbrechen bewahren kann, habe ich nicht umsonst gelebt.

— Emily Dickinson

Liebe ist die einzige geistige Kraft, welche die allen Menschen inne-wohnende Ich-Bezogenheit überwinden kann. Liebe ist das, was das Leben möglich, ja erträglich macht.

— Arnold Toynbee

Bewahre die *Liebe* in
deinem Herzen.
Ohne sie ist das Leben wie
ein Garten ohne Sonne,

in dem die *Blumen*
verwelkt sind.

— Oscar Wilde

Um das ganze Ausmaß der Freude zu erleben, brauchst du jemanden, mit dem du sie teilen kannst.

— *Mark Twain*

Die Summe unseres Lebens sind die Stunden, in denen wir liebten.

— *Wilhelm Busch*

Lieben heißt,
unser Glück in das Glück
eines anderen zu legen.

— *Gottfried Wilhelm Leibniz*

Eigenliebe mit Nächstenliebe zu ersetzen bedeutet nichts weniger, als einen unerträglichen Unterdrücker gegen einen guten Freund zu tauschen.

— *Concepción Arenal*

Freunde sind sich nahe, auch wenn sie getrennt sind;

sie sind reich, auch wenn sie arm sind;

sie sind hilfsbereit, auch wenn sie krank sind;

ja – was unmöglich zu sein scheint –

sie leben auch, wenn sie schon gestorben sind.

– Marcus Tullius Cicero

Wie schön ist deine Liebe!

– Hohelied 4:10

Unsere *Liebe* ist wie der *Nieselregen*, der sanft fällt, und dann doch den Fluss zum Überfluten bringt.

– Afrikanisches Sprichwort

Nenne mir den weiten Mantel, drunter alles sich verstecket!
Liebe tut's, die alle Mängel gerne hüllt und fleißig decket.

– Friedrich von Logau

$\mathcal{D}$ie wichtigste Stunde ist die Gegenwart,
der bedeutendste Mensch der,
der dir gerade gegenübersteht,
und das wichtigste Werk die Liebe.

– Meister Eckhart von Hochheim

$\mathcal{L}$iebe ist des Herzens unsterblicher Durst, gänzlich
erkannt und vollständig vergeben zu werden.

– Henry van Dyke

Blumen sind die schönen Worte und Hieroglyphen der Natur, mit denen sie uns andeutet, wie lieb sie uns hat. ... So bricht die Knospe der Liebe in ihrer größten Schönheit und Bescheidenheit auf!

– Johann Wolfgang von Goethe

Das höchste Glück im Leben ist die Gewissheit geliebt zu werden.

– Victor Marie Hugo

Freundschaft ist
ein schützender Baum.

– Samuel Taylor Coleridge

Hätte Gott die Frau dem Manne zur Herrin bestimmt, so hätte er sie aus Adams Kopf genommen; hätte er sie ihm zur Sklavin bestimmt, aus den Füßen; aber er nahm sie ihm aus der Seite, weil er sie ihm zur Gefährtin als seinesgleichen bestimmte.

— Augustinus Aurelius

> Unmöglich kann uns Gott für etwas anderes erschaffen haben, als leidenschaftlich zu **lieben**.
>
> — *Victor Marie Hugo*

Es scheint mir, dass das Erwachen der Liebe wie das des Frühlings ist – man kann es nicht auf ein Datum im Kalender festlegen. Es mag langsam und schrittweise erfolgen, oder aber plötzlich und unerwartet. Doch wenn wir am Morgen aufwachen und die Veränderung in der Welt um uns herum wahrnehmen, das Grünen der Bäume, das Blühen der Wiese, die Wärme des Sonnenscheins, die Musik in der Luft, so sagen wir: Der Frühling ist da.

— *Edward George Bulwer-Lytton*

Das einzig Wichtige im Leben sind die Spuren der Liebe, die wir hinterlassen, wenn wir gehen.

— *Albert Schweitzer*

Über die hohen Berge,

durch die reißenden Wogen,

Liebe wird einen Weg finden.

– *Thomas Percy*

WEIL ICH DICH LIEBE ...

LIEBE ... IST FÜR LIEBENDE

Hört nicht auf, einander aufrichtig
und von ganzem Herzen zu lieben.

– 1. Petrus 1:22

$\mathcal{Liebe}$ ist eine wunderbare Sache, das höchste Gut, das jede Last leicht erscheinen lässt. Liebe ist wachsam, und selbst im Schlaf wacht sie noch. Auch wenn sie ermüdet, erschöpft sie sich nicht, und wenn man sie bedrängt, lässt sie sich nicht bezwingen.

– Thomas Hemerken van Kempen

$\mathcal{M}$an soll lieben, so viel man kann,
darin liegt die wahre Stärke –
und wer viel liebt, der tut auch viel und vermag viel,
und was in Liebe getan wird, das wird gut getan.

– Vincent van Gogh

Wenn wir einander lieben,
lebt Gott in uns,
und Seine Liebe hat uns von Grund auf erneuert.

– 1. Johannes 4:12

Es gibt nur ein Glück im Leben:
zu lieben und geliebt zu werden.

— George Sand

Wenn man Liebe nicht bedingungslos geben und
nehmen kann, ist es keine Liebe, sondern ein Handel.

— Emma Goldman

Liebe ist die stärkste *Macht* der Welt,
und doch ist sie die demütigste,
die man sich vorstellen kann.

– *Mahatma Gandhi*

Andere zu lieben, so wie sie sind,
ist das größte Kompliment.

— Shannon Shayler

Man ist in der Liebe darum ungerecht,
weil man den andern für vollkommen hielt.

– Johann Paul Friedrich Richter

Die tiefste Wahrheit erblüht
nur der **tiefsten Liebe.**

– Heinrich Heine

Liebe ist ein Spiel, welches zwei spielen können
und beide gewinnen.

– Eva Gabor

Liebe ist für das Leben, was Sonnenschein für Pflanzen und Blumen ist.

– Tom Blandi

Wir werden geformt und gestaltet durch das, was wir lieben.

– Johann Wolfgang von Goethe

Ein weiser Liebhaber schätzt nicht so sehr die Gabe des Liebenden wie die Liebe des Gebenden.

– Thomas Hemerken van Kempis

Wer liebt, lebt da, wo er liebt nicht da, wo er lebt.

– Augustinus Aurelius

Was ist Liebe? – Eine **Hütte** gegen keinen Palast tauschen wollen, Untugenden und Fehler lächelnd übersehen, **Hingabe** ohne geringstes Zögern.

– aus China

Wenn Musik der Liebe Nahrung ist, spielt weiter – gebt mir volles Maß!

– William Shakespeare

Kein Bild, kein Wort kann das Eigenste und Innerste des Herzens aussprechen wie die Musik; ihre Innigkeit ist unvergleichlich, sie ist unersetzlich.

– Friedrich Theodor Vischer

Er nahm sie zur Frau
und gewann sie sehr lieb.

– 1. Mose 24:67

Zwei sind besser dran als einer.
... Wenn sie fallen, hilft der eine dem
anderen auf ... zwei halten stand.
Und eine **dreifache** Schnur zerreißt
nicht so schnell.

— Prediger 4:9–10, 12

Ein Zopf scheint aus nur zwei Strängen zu bestehen.
Aber darin liegt das Geheimnis: Was nach zweien ausschaut,
braucht einen dritten – der dritte Strang, auch wenn er
nicht sofort sichtbar ist, hält den Zopf dicht geflochten.
Gottes Gegenwart, wie der dritte Strang in einem Zopf, hält
Mann und Frau in der Ehe zusammen.

— Catherine Paxton

Eine erfolgreiche Ehe ist immer ein Dreieck –
ein Mann, eine Frau und Gott.

— Cecil Myers

Eine gute Ehe ist die, in der der eine den anderen zum Schutzengel seiner Einsamkeit bestellt.

– Rainer Maria Rilke

Ohne Liebe sind wir uns selbst zur Last –
durch die Liebe tragen wir einander.

– Augustinus Aurelius

Woraus auch immer unsere Seelen geschaffen sind –

seine und meine sind eins.

– Emily Brontë

Es ist nicht gut, dass der Mensch so allein ist. ... Aus diesem Grund verlässt ein Mann seinen Vater und seine Mutter, verbindet sich mit seiner Frau und wird völlig eins mit ihr.

– 1. Mose 2:18, 24

Die Liebe, die Liebe, welch lieblicher Dunst!
Doch in der Ehe – da steckt die Kunst.

– Theodor Storm

Möge Gott, als Schöpfer bester Ehen,
eure Herzen vereinen.

– William Shakespeare

Du wirst feststellen, wenn du auf dein Leben zurück-
schaust, dass die Momente, in denen du wirklich gelebt
hast, die Momente sind, in denen du im Geist der Liebe
gehandelt hast.

— Henry Drummond

Liebe ist ...

Vertrauen und Achtung, das sind die beiden unzertrennlichen Grundpfeiler der Liebe, ohne welche sie nicht bestehen kann; denn ohne Achtung hat die Liebe keinen Wert und ohne Vertrauen keine Freude.

– Heinrich von Kleist

... deiner Liebe Lohn.

– John Dryden

Das Erste in der Liebe ist der Sinn füreinander,
und das Höchste der Glaube aneinander.

— *Friedrich Schlegl*

Das ist die wahre Liebe, die immer und immer
sich gleich bleibt,
Wenn man ihr alles gewährt, wenn man ihr
alles versagt.

— *Johann Wolfgang von Goethe*

Mächtige Fluten können das Feuer der Liebe nicht auslöschen, gewaltige Ströme sie nicht fortreißen.

— Hohelied 8:7

Sie werden mich **preisen**, weil ich *Wasser* in der *Wüste* fließen lasse …

Liebe ist wie ein Fluss. An manchen Tagen fließt er rauschend dahin, weil es reichlich Wasser gibt. Dann wieder ist er ein Rinnsal, und man sieht ihn über die Steine hüpfen. Doch selbst wenn die Liebe einmal an Fluss verloren hat, ja gar leer und fast trocken auf dem sumpfigen Boden darniederliegt, so wird doch immer wieder Liebe fließen.

– Autor unbekannt

Flüsse in der öden Gegend.

— Jesaia 43:19–20

Wo wir Liebe aussäen, da wächst Freude empor.

— Victor Marie Hugo

Vor allem lasst nicht nach, einander zu lieben. Denn Liebe sieht über Fehler hinweg.

— 1. Petrus 4:8

Liebe

besteht nicht einfach darin, einander anzublicken, ...

... man muss auch

zusammen

in die gleiche Richtung schauen.

– Antoine de Saint-Exupéry

Ein Freund

steht immer zu dir.

– Sprüche 17:17

LIEBE ... TROTZT STURM UND ZEIT

Nach allem, was ich jemals las
Und jemals hört' in Sagen und Geschichten,
Rann nie der Strom der treuen Liebe sanft.

— *William Shakespeare*

Meine Liebe für dich, die weder Land noch See noch
Tod auslöschen können, sucht dich mit ewigwährenden
Umarmungen heim und bleibet mit dir immerdar ... Dein, wie
Gott es wünscht, so dass kein Wasser sie löschen, keine Zeit
sie vergessen, keine Entfernung sie aushöhlen kann und sie
endlos bleiben wird.

— *William Penn in einem Brief an seine Frau*

Liebe auf den ersten Blick ist leicht nachvollziehbar; ein Wunder wird es erst, wenn zwei Menschen sich ein ganzes Leben lang angeschaut haben.

– Sam Levenson

Der Pfad der Gerechten ist wie das Morgenlicht, es strahlt immer heller bis zum vollen Tag.

– Sprüche 4:18

Den Sinn erhält das Leben einzig durch die Liebe. Das heißt: Je mehr wir lieben und uns hinzugeben fähig sind, desto sinnvoller wird unser Leben.

– Hermann Hesse

Die Liebe, wenn sie neu, braust wie ein junger Wein:
Je mehr sie alt und klar, je stiller wird sie sein.

– Johann Angelus Silesius

Werde alt mit mir!

denn das Beste kommt noch;

das Letzte im Leben,

wofür das Erste geschaffen wurde.

– Robert Browning

Die Liebe ist, ihr Ende nicht ausgenommen,
sich überall gleicher, als man sagt.

— Johann Paul Friedrich Richter

O dass sie ewig grünen bliebe,
die schöne Zeit der jungen Liebe!

— Johann Christoph Friedrich von Schiller

Einen Menschen lieben, heißt
einzuwilligen, mit ihm alt zu werden.

— Albert Camus

Liebe hat kein Alter.

— Blaise Pascal

Wir wollen einander lieben,
denn die Liebe hat ihren Ursprung in Gott,
und wer liebt, ist aus Gott geboren und kennt Gott.

— *1 Johannes 4:7*

Liebe ist der Engel Gruß an die Sterne.

— *Victor Marie Hugo*

Liebe macht den Himmel himmlischer,
die Erde zu dem Himmelreich.

— *Johann Christoph Friedrich von Schiller*

Liebe ist – wie eine Rose –

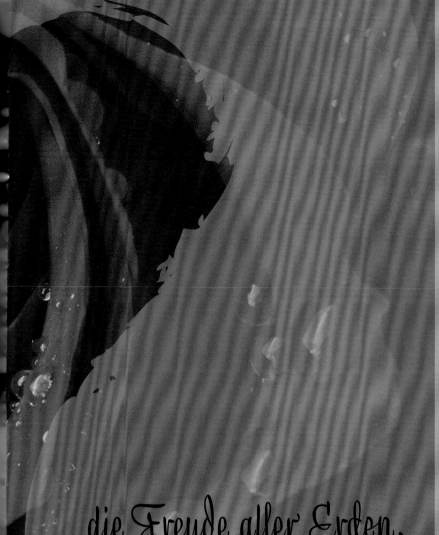

die Freude aller Erden.

— *Christina Rossetti*

$\mathcal{D}$u sollst den Herrn, deinen Gott, lieben von ganzem Herzen, mit ganzer Hingabe und mit deinem ganzen Verstand!‹ Dies ist das größte und wichtigste Gebot. Ein zweites ist ebenso wichtig: ›Liebe deine Mitmenschen wie dich selbst!‹ Mit diesen beiden Geboten ist alles gesagt, was das Gesetz und die Propheten fordern.

– Jesus (Matthäus 22:37–40)

NACHGEDANKEN

Gott ist Liebe.

– 1. Johannes 4:8

Lieber Jesus,

die Seiten im Buch meines Lebens sind mit deinen Liebesbeweisen gefüllt. Dass ich geliebt werde und auch wieder lieben kann, ist eine Gabe von unermesslichem Wert. Du hast Dein Leben in Liebe gelebt; Du hast Dich selber freiwillig hingegeben. Deine Liebe überdauert alles, hört nie auf zu geben, gibt niemals auf. Hilf mir, in meinem Leben die Geduld, Güte und Ehrlichkeit zu haben, die Dich auszeichnen. Fülle mich mit Deiner Liebe, heute und für immer.

Amen.